BEI GRIN MACHT SICH IHR WISSEN BEZAHLT

- Wir veröffentlichen Ihre Hausarbeit,
  Bachelor- und Masterarbeit

- Ihr eigenes eBook und Buch -
  weltweit in allen wichtigen Shops

- Verdienen Sie an jedem Verkauf

Jetzt bei www.GRIN.com hochladen und kostenlos publizieren

Bibliografische Information der Deutschen Nationalbibliothek:

Die Deutsche Bibliothek verzeichnet diese Publikation in der Deutschen National-
bibliografie; detaillierte bibliografische Daten sind im Internet über http://dnb.d-
nb.de/ abrufbar.

Dieses Werk sowie alle darin enthaltenen einzelnen Beiträge und Abbildungen
sind urheberrechtlich geschützt. Jede Verwertung, die nicht ausdrücklich vom
Urheberrechtsschutz zugelassen ist, bedarf der vorherigen Zustimmung des Verla-
ges. Das gilt insbesondere für Vervielfältigungen, Bearbeitungen, Übersetzungen,
Mikroverfilmungen, Auswertungen durch Datenbanken und für die Einspeicherung
und Verarbeitung in elektronische Systeme. Alle Rechte, auch die des auszugsweisen
Nachdrucks, der fotomechanischen Wiedergabe (einschließlich Mikrokopie) sowie
der Auswertung durch Datenbanken oder ähnliche Einrichtungen, vorbehalten.

Impressum:

Copyright © 2018 GRIN Verlag
Druck und Bindung: Books on Demand GmbH, Norderstedt Germany
ISBN: 9783668989573

Dieses Buch bei GRIN:

https://www.grin.com/document/491043

Fabio Wißen

SWOT-Analyse, Merchandising, Digitalisierung und Sponsoring im Sportmarketing

GRIN Verlag

GRIN - Your knowledge has value

Der GRIN Verlag publiziert seit 1998 wissenschaftliche Arbeiten von Studenten, Hochschullehrern und anderen Akademikern als eBook und gedrucktes Buch. Die Verlagswebsite www.grin.com ist die ideale Plattform zur Veröffentlichung von Hausarbeiten, Abschlussarbeiten, wissenschaftlichen Aufsätzen, Dissertationen und Fachbüchern.

Besuchen Sie uns im Internet:

http://www.grin.com/

http://www.facebook.com/grincom

http://www.twitter.com/grin_com

Deutsche Hochschule für

Prävention und Gesundheitsmanagement

Einsendeaufgabe

Fachmodul: Sportmarketing

Studiengang: Sportökonomie

Datum
Präsenzphase: 15.10.2018 – 18.10.2019

Name, Vorname: Wißen, Fabio

Studienort: **Düsseldorf**

Semester: **SS 2017**

Inhaltsverzeichnis

1   SWOT-ANALYSE 3

2   MERCHANDISING UND LICENSING 5

2.1   Wer 5

2.2   Was 5

2.3   Wem 7

2.4   Bedingungen 7

2.5   Kanäle 7

2.6   Begleitmaßnahmen 8

2.7   Zeitraum 8

3   DIGITALISIERUNG 9

3.1   Vereinsdarstellung 9

3.2   Zielgruppe und Marketingziele 9

3.3   Inhalt und Mehrwert der App 9

3.4   Chancen/Risiken der Einführung 10

3.5   Vier Möglichkeiten 10

4   SPONSORING 10

5   LITERATURVERZEICHNIS 13

6   ABBILDUNGS- UND TABELLENVERZEICHNIS 14

6.1   Tabellenverzeichnis 14

1 SWOT-Analyse

Im ersten Teil der Einsendeaufgabe wird eine SWOT-Analyse für die Fußballmannschaft der TSG 1899 Hoffenheim durchgeführt. Mithilfe dieser Analyse wird der Verein auf potentielle Stärken und Schwächen, aber auch Chancen und Risiken untersucht. Die SWOT-Analyse ist ein strategisches Analyseinstrument, welches sich grundsätzlich aus drei Teilschritten zusammensetzt. Im ersten Teil geht es um die Ressourcenanalyse, wobei die eigenen Stärken und Schwächen des Vereins aufgezeigt und analysiert werden. Hierbei steht das Erfassen und Bewerten der eigenen finanziellen, physischen, organisatorischen und technologischen Ressourcen (Meffert et al. 2012, S.239) im Vordergrund. Im zweiten Teil der SWOT-Analyse geht es um die Untersuchung der Unternehmensumwelt. Es werden alle externen Faktoren miteinbezogen, die das Marktumfeld betreffen. Hierbei werden Chancen und Risiken abgeleitet. Im letzten Schritt werden die Ergebnisse aus der internen Ressourcenanalyse und der externen Marktbetrachtung gegenübergestellt und Rückschlüsse gezogen welche Strategien das Gesamtpotential des Vereins vollkommen ausschöpfen und für das weitere Vorgehen am lukrativsten sind. Dabei wird sich beispielsweise am Hauptkonkurrenten bzw. stärksten Konkurrenten orientiert. Ziel ist daraus eine oder mehrere entsprechende Marketingstrategien zu entwickeln.

Tab. 1: Interne Ressourcenanalyse der TSG 1899 Hoffenheim

Stärken	Schwächen
Überdurchschnittlich gutes Nachwuchsleistungszentrum, Achtzehn99-Akademie (Höchstwertung bei bundesweiter Zertifizierung von Nachwuchsleistungszentren)	Hohe finanzielle Abhängigkeit des Vereins vom Hauptsponsor SAP (Großinvestor Dietmar Hopp gehören 96% der Stimmrechte → in Entscheidungen stark gebunden)
Sehr junger und dynamischer Trainer Julian Nagelsmann (gilt als Aushängeschild der Jugend, da er sämtliche Titel mit den Nachwuchsteams gewonnen hat)	Traditionsarm → geringe Bekanntheit der Marke auf nationaler und internationaler Ebene im Vergleich zu etablierten Bundesligavereinen
Moderne Infrastruktur und guter Standort (gute Erreichbarkeit der Spielstätte)	Sehr kleine Fangemeinschaft mit wenigen Vereinsmitgliedern und relativ kleine Stadionkapazität (im Vergleich zur nationalen Liga)
Gute Spielanalyse- und Scoutingsoftware vom Hauptsponsor SAP	

Tab. 2: Analyse der Unternehmensumwelt der TSG 1899 Hoffenheim

Chancen	Risiken
Sportlicher Erfolg → Möglichkeit auf Mehreinnahmen in Millionenhöhe durch die Qualifikation zur Champions-League, dadurch höhere Bekanntheit auf internationaler Ebene	Es ist fraglich ob der Verein so weitergeführt wird, wenn Dietmar Hopp (Alter: 78 Jahre) versterben sollte
Stetig steigendes Interesse der Gesellschaft an mehr Freizeit → mehr Zeit für Sport, somit potenzielle Interessenten für den Verein	Steigende Gehälter der Spieler durch höheres Spielniveau → mehr mittel- und langfristige Kosten
Durch erhöhte Aufmerksamkeit des Vereins auf internationaler Ebene → höheres Potential im B2B-Bereich (Attraktivität für Sponsoren und Partner)	Verlust von Leistungsträgern an Konkurrenz → auslaufende Verträge werden nicht verlängert oder Spieler werden mit hohen Summen aus den Verträgen herausgekauft

Tab. 3: SWOT-Matrix

SWOT-Matrix	Unternehmensumwelt (extern)	
Interne Ressourcenanalyse	Chancen	Risiken
Stärken	1. Langfristige Bindung der Personalie Julian Nagelsmann, somit langfristiger Erfolg, offene und dynamische Kooperation → Ankerpunkt für mögliche Neuverpflichtungen von Spielern, welche in das Spielsystem passen 2. Durch hohe Medienpräsenz in der Championsleague in Verbindung mit sportlichem Erfolg sind mehr Sponsoren, Partner und Förderer an B2B interessiert → höhere Risikoverteilung auf mehrere Sponsoren neben SAP	1. Externe Neuzugänge kosten sehr viel Geld. Ergo: Das Nachwuchsleistungszentrum bietet beste Voraussetzungen, um Talente aus der eigenen Jugend in den Profi-Bereich zu führen → sehr hohes Potential an hohem Ertrag durch relativ geringe Ausbildungskosten und hohe Ablösesummen durch einen möglichen Verkauf 2. Jugendakademie ausbauen und verbessern → nationale und internationales Talentscouting mit SAP-Software → Aus- und Weiterbildung in eigener Akademie
Schwächen	1. Geringe Mitgliederzahl & Fangemeinschaft → Markenimage des Vereins verbessern und nationaler und internationaler beliebter machen; Ziel: Sympathien & Aufmerksamkeit von potentiellen Mitgliedern, Zu Traditionsklubs aufschließen 2. Bekanntheit durch sportlichen Erfolg auf nationaler & internationaler Ebene	1. Ausbau und Modernisierung des aktuellen Stadions zur Verbesserung der Atmosphäre und für Veranstaltungen innerhalb der Arena, die über den Fußball hinaus gehen → Interesse an B2B-Partnerschaften steigt, zudem können neue Mitglieder gewonnen werden 2. Regionale und nationale Markenimage-Kampagnen

4/14

2 Merchandising und Licensing

Ein Volleyballverein feiert sein 30-jähriges Jubiläum. Zu diesem Anlass wird ein spezielles Merchandisingsortiment entwickelt, welches im folgenden Text näher erläutert wird. Das Merchandisingkonzept wird mithilfe des „Entscheidungsschema Merchandising" aufgegliedert (Rohlmann, 2011, S. 247).

2.1 Wer

Es werden - laut dem Geschäftsmodell - betriebliche Teilfunktionen ausgelagert. Somit wird innerhalb des Vereins für Entlastung gesorgt. Durch das Know-How der externen Firmen holt man sich zusätzliche Expertise ins Haus. Zudem spart man durch das Outsourcing Zeit und Ausgaben für die Entwicklung der Produkte. Außerdem unterliegt man nicht gänzlich der Fremdbestimmung anderer. Die Rechte liegen nahezu alle in der eigenen Hand. Es werden Lizenzen verkauft, sodass den Fans, Kindern und Jugendlichen das Sortiment geboten werden kann, welches nachgefragt wird. Der Verein beschreibt sich selbst als sportlich, freundlich und familiär. Dies wird sich im Sortiment wiederspiegeln.

2.2 Was

Es wird sich bewusst für eine saisonunabhängige Sortimentsstruktur entschieden. Allerdings wird es Produkte geben, die in direktem Zusammenhang mit dem 30-jährigen Jubiläum stehen.

Das Fanartikelsortiment wird in der nachfolgenden Tabelle aufgezeigt.

Tab. 4: Fanartikelsortiment

Sortiment	Planungsbezug		
Produktbezug	Saisonunabhängig	Saisonspezifisch	Aktionsspezifisch
Primärbezug (PB) zum Spielgeschehen	Trikot		Volleyball in Jubiläumsoptik
PB zum Geschehen in der Halle	Trinkflasche Handtuch		T-Shirt mit Jubiläumsaufdruck
PB zum Alltag der Fans	Kaffeetasse Schlüsselanhänger		

1. Trikot (Kernsortiment)
   - Volleballtrikot mit Vereinswappen, in Vereinsfarben, Größen: XS-3XL Preis: 49,95 € (Einkaufspreis: 24,95 €)
2. Volleyball in Jubiläumsoptik (Zusatzsortiment)
   - Volleyball mit Vereinswappen, mit 30 Jahre Emblem, in Vereinsfarben, Preis: 23,95 € (Einkaufspreis: 8,95 €)
3. Trinkflasche (Zusatzsortiment)
   - Trinkflasche in Vereinsfarben, mit Vereinswappen, verschiedene Größen (0,5L-1L), Material: Kunststoff, Preis: 6,95 € (Einkaufspreis: 1,95 €)
4. Handtuch (Zusatzsortiment)
   - Handtuch ins Vereinsfarben, mit Vereinswappen, Größe: 50x100cm, Material: Baumwolle, Preis: 12,95 € (Einkaufspreis: 3,95 €)
5. T-Shirts mit Jubiläumsaufdruck (Zusatzsortiment)
   - T-Shirt mit Vereinswappen, in Vereinsfarben, Aufschrift: 30 Jahre Emblem, Größen: XS-3XL, Preis: 16,95 € (Einkaufspreis: 6,95 €)
6. Kaffeetasse (Randsortiment)
   - Kaffeetasse mit Vereinswappen, in Vereinsfarben, Preis: 4,95 € (Einkaufspreis: 1,95 €)
7. Schlüsselanhänger (Randsortiment)
   - Anhänger in Vereinsfarben, mit Vereinsnamen, Größe: 2x6cm, Preis: 1,95 € (Einkaufspreis: 0,75 €)

Insgesamt gibt es sieben verschiedene Fanartikel, welche sich in zwei aktionsspezifische und fünf saisonunabhängige Artikel aufgliederr. Die zwei aktionsspezifischen Artikel werden anlässlich des 30-jährigen Jubiläums verkauft. Die fünf saisonunabhängigen Fanartikel werden über die gesamte Saison verkauft. Das Trikot des Vereins gehört zum Kernsortiment, da dieser Artikel vom Verein am meisten verkauft wird. Das Zusatzsortiment umfasst neben dem Volleyball, der Trinkflasche und dem Handtuch, das T-Shirt mit Jubiläumsaufdruck. Es rundet das Kernsortiment ab. Um alle Zielgruppen anzusprechen und der Verein auch im Alltag entsprechend repräsentiert werden kann, hat man sich beim Randsortiment für eine Kaffeetasse und einen Schlüsselanhänger entschieden. Neben der Kundenbindung geht es hier vor allem um das Wecken der emotionalen Bindung zum Verein.

2.3 Wem

Aufgrund der sportlichen, freundlichen und familiären Beschreibung werden mit dem Sortiment mehrere Zielgruppen angesprochen. Der Verein deckt mit dem Sortiment sowohl die Bedürfnisse des Nachwuchses und der Jugend ab, als auch die der jungen Erwachsenen, Eltern oder älteren Generationen. Die Produkte werden sowohl von internen Mitarbeitern, Spielerinnen und Spielern als auch von Fans und potentiellen Neukunden gekauft. Bei der Werbung neuer Mitglieder zahlt sich das breit aufgestellte Sortiment, welches über den aktiven Sport hinausgeht, besonders aus. Neben den Fans schauen sich auch immer mehr Leute die Spiele an, welche vorher nichts mit dem Verein zu tun hatten. Der Fanshop an der Spielstätte steht deshalb nicht nur während der Spiele für den Kauf der Fanartikel zur Verfügung, sondern auch unter der Woche, während der Trainingseinheiten. Somit werden aus Fans Kunden und aus Kunden werden Fans. Es wird eine Identifikation mit dem Leitbild des Vereins geschaffen. Das Fanartikelsortiment ist so aufgebaut, dass es sich nahezu jeder leisten kann und der Verein dennoch einen guten Umsatz erzielt, da die Preise moderat gewählt wurden.

2.4 Bedingungen

Als preispolitische Strategie wurde sich für die Penetrationsstrategie entschieden. Hierbei werden die Fanartikel zu relativ geringen Preisen angeboten (siehe Sortiment). Das Ziel sind große Absatzmengen bei niedrigen Stückkosten und etwaige Wettbewerber abzuschrecken. Mit einer Einwohnerzahl von 100.000 gibt es hier zwar einen relativ kleinen Markt, dennoch ist das mittelfristige Ziel den Verein mit dem „digitalen Fanshop" überregional bekannt zu machen, sodass die Fanartikel nicht nur im regionalen Marktgebiet verkauft werden.

2.5 Kanäle

Die Fanartikel werden auf zwei Wegen an die Zielgruppen gebracht. Zum einen über den klassischen Eigenvertrieb im stationären Fanshop und dem Versandhandel über das Internet. Die Verkaufsstelle an der Spielstätte hat vorwiegend geöffnet, wenn der Trainings- und Spielbetrieb stattfindet. Über die Homepage vom Verein kann die Ware bestellt werden, welche dann mit einer Spedition geliefert wird. Trotz Rücksendequote von 30% verspricht man sich hier ebenfalls große Absatzmengen. Im vereinseigenen Fanshop kann das Produktangebot selbst bestimmt werden (Riedmüller, 2011, S. 228).

Beim Fremdvertrieb hingegen arbeitet der Verein mit dem regionalen und überregionalen Einzelhandel zusammen. Das sind neben Kauf- und Warenhäusern sehr stark frequentierte Standorte wie Läden in Einkaufszentren, Bahnhöfen und Flughäfen (Rohlmann, 2011, S. 253). Diese Partner bieten nur einzelne Teile oder das gesamte Fanartikelsortiment in ihren Geschäften an. Ein großer Vorteil des Fremdvertriebs ist, dass die Dienstleister auf die Ein- und Verkaufsprozesse bereits spezialisiert sind. Somit werden Standardaufgaben im Vertrieb schneller und kostengünstiger bewältigt (Studienbrief Sportmarketing, 2017, S. 321).

2.6 Begleitmaßnahmen

Um den Fokus der potentiellen Kunden und Fans auf die angebotenen Fanartikel zu lenken, entscheidet man sich für verschiedene Kommunikationswege. Neben der vereinseigenen Homepage wird Social Media dafür genutzt, um den Fanartikelverkauf zu bewerben. Auf der Facebook-Seite des Vereins gibt es Verweise und Links, welche direkt zum digitalen Fanshop führen. Hierbei verspricht man sich vor allem die junge Generation für den Kauf der Fanartikel zu aktivieren. Regionale Radiosender werden dafür genutzt, um die Akustikwerbung weiter voranzubringen. Hierbei wird beispielsweise auf das nächste Heimspiel aufmerksam gemacht und parallel erwähnt, dass der Fanshop an der Spielstätte zeitgleich geöffnet hat. Als dritte Maßnahme wird über die vereinseigene Zeitschrift geworben. Dies hat den Vorteil weitere Ausgaben für das Marketing zu sparen. Die Finanzierung dieser Zeitschrift wird von Sponsoren getragen, welche eine attraktive Platzierung auf einer Seite erhalten. Außerdem erreichen wir damit direkt eine weitere Zielgruppe, welche der Verein an sich binden möchte.

2.7 Zeitraum

Das Fanartikelsortiment wird zu Saisonbeginn neu eingeführt. In Abhängigkeit der Verkaufszahlen wird das Sortiment erweitert, verkleinert oder modifiziert. Das Ziel ist es über die gesamte Saison hinweg die Fanartikel zu vertreiben. Die aktionsspezifischen Fanartikel werden nur zum Vereinsjubiläum angeboten, bzw. verkauft. Der „Jubiläumsvolleyball" ist in einer limitieren Stückzahl aufgelegt und wird nicht mehr nachproduziert. Das T-Shirt mit Jubiläumsaufdruck ist ab dem Jubiläumtag bis zum Saisonende im Shop erhältlich. Bei einer hohen Verkaufszahl ist es vorgesehen den Artikel saisonübergreifend zu verkaufen.

3 Digitalisierung

3.1 Vereinsdarstellung

Tab. 5: Darstellung jugendorientierter Verein

Vereinsangebot	Fußball → 1. Bundesliga
Mitgliederzahl	150.000
Anzahl bezahlter Mitarbeiter	1.800
Anzahl ehrenamtlicher Mitarbeiter	160

3.2 Zielgruppe und Marketingziele

Tab. 6: Zielgruppe und Marketingziele

Zielgruppe	Marketingziele
Fans und Mitglieder	Steigerung der Mitgliederzahl
	Steigerung der Mitgliederzufriedenheit/ Mitgliederbindung
Kooperationspartner (Unternehmen)	Steigerung des Images
	Steigerung des Umsatzes (Nebenumsatz)

3.3 Inhalt und Mehrwert der App

Tab. 7: Inhalt und Mehrwert der App

Themen	Mehrwert für den Kunden	Mehrwert für den User
Ticketkauf und -verkauf und Merchandising	Bessere Abwicklung des Ticketing und des Merchandisings	Fans/Mitglieder/Kunden können die Tickets nicht nur einfach und schneller kaufen, sondern auch risikofrei und legal weiterverkaufen Fans/Mitglieder/Kunden können direkt über die App auf den Fanshop zugreifen
Kommunikationsmedium (Forum)	Vereinsinterne Kommunikationsmöglichkeit	Mitgliederaustausch mit Vorstand, Spielern und Fans untereinander
Nebenumsatz durch Produkte oder Dienstleistungen von Zweitanbietern	Höhere Produktvielfalt, Erreichung mehrerer Zielgruppen	Fans/Mitglieder/Kunden können nicht nur vereinsbasierte Produkte kaufen, sondern auch viele weitere Artikel
Live-Ticker	Informationsweitergabe bei allen nationalen und internationalen Spielen	Kostenfreie Verfolgung des Spielgeschehens für alle App-User

3.4 Chancen/Risiken der Einführung

Tab. 8: Chancen und Risiken der Einführung

Chancen	Risiken
Erhöhung der Mitgliederanzahl → Erweiterung der Produktvielfalt durch Zweit- und Drittanbieter im Shop spricht noch mehr Zielgruppen an → Mundpropaganda sorgt für mittel- und langfristige Steigerung der Mitgliederzahl	Ältere Vereinsmitglieder haben keinen Bezug zur App und Digitalisierung → zahlreiche, ältere Vereinsmitglieder besitzen kein Smartphone und können demnach nicht mit der App umgehen, fühlen sich bei Einführung möglicherweise ausgeschlossen
Unternehmensübergreifende Zusammenarbeit möglich, da in der App Produkte oder Dienstleistungen von Zweitanbietern zur Verfügung stehen, sog. In-App-Käufe → attraktiv für B2B-Kooperationen	App-Sicherheit ist durch Datenraub gefährdet → Zugriff auf persönliche Daten und die Privatsphäre

3.5 Vier Möglichkeiten

1. App wird im B2B-Bereich bei Kooperationspartnern und/oder Sponsoren auf deren Werbeplattformen platziert

2. Werbung, in Form von kurzen Werbespots, während eines Bundesligaspiels auf dem Videowürfel oder alternativ beim Pay-TV, welche die Bundesliga überträgt

3. (Bekannte) Spieler des Vereins präsentieren die App über ihre Accounts im alltäglichen Gebrauch auf Social-Media → sehr hohe Reichweiten → Corporate Behaviour

4. App bzw. Download-Link für App-Store und Google-Play-Store wird auf der vereinseigenen Homepage entsprechend dargestellt, um mehr Aufrufe/Downloads zu generieren

4 Sponsoring

Im vierten Teil der Einsendeaufgabe geht es um das Wirtschaftsunternehmen Nutrition-Knowledge AG (folgend NK AG), welches sich am Sponsorship eines Laufevents beteiligt. Diese Firma ist eine sehr erfolgreiche Marke im Bereich der Nahrungsergänzungsmittelhersteller.

Tab. 9: Beschreibung der Nutrition-Knowledge AG

Produkt/Produktpalette	Spezielle Kohlenhydratriegel
	Powergel
	Isotonisches Getränk
Zielgruppen	Individualsport: Ausdauersportler (Profi- und Breitensport)
	Unternehmen (B2B)
	Sportveranstalter
	Teamsportarten, z.b. Fußballmannschaft
Distributionskanäle	Internetshop (direkt an Endkunden)
	Sportfachhandel
	Fitnessstudios (Wiederverkäufer)
Kommunikationsinstrumente	Werbung über Social Media
	Marketing bei Sportevents wie z.b. Hamburg Marathon

Die Zielgruppe beinhaltet alle Sportarten, welche auf die Ausdauerfähigkeit ausgelegt sind. Neben Individualsportarten sind auch Mannschaftssportarten, welche eine hohe Ausdauerbelastung kennzeichnen, als Zielgruppe des Unternehmens miteinzubeziehen. Des Weiteren sind auch sämtliche Sportveranstalter und andere Unternehmen, welche für mögliche Business-to-Business Kooperationen in Frage kommen immens wichtige Zielgruppen für die NK AG. Bislang wurden bereits große Sportevents wie z.b. der Hamburg Marathon als Marketinginstrument genutzt. Dem zur Folge hat sich das Unternehmen bereits einen großen Namen in dem Business des Ausdauersports gemacht.

Tab. 10: Sponsoringprozess aus Unternehmenssicht

Festlegung der Ziele	Affektive Ziele (extern):
	Markenemotionalisierung durch das Event und Aufbau sowie Verbesserung der Unternehmen-Kunden-Beziehung aufgrund des Eventerlebnisses im Kollektiv
	Erreichen von Sympathie und Glaubwürdigkeit
	Kognitive Ziele (extern):
	Veröffentlichung neuer Produkte
	Kontaktpflege mit ausgewählten Kunden
Schnittmengenanalyse der Zielgruppen	Ehrgeizige, leistungsstarke Läufer jeden Alters, Business-to-Business Kunden der Läufermesse
Beschreibung der 5 Sponsoring-Einzelmaßnahmen	1. Sponsoring der Bandenwerbung beim Halbmarathon inkl. Naming der Veranstaltung (Namensrechte)
	2. Großer Messestand auf der Läufermesse

		mit Give-Aways, Geschenken und Proben (Merchandising-Rechte)
	3.	Verpflegung nach den jeweiligen Läufen und Unterstützung der Streckenverpflegung durch firmeneigenes isotonisches Getränk bei 5, 11 und 17km-Stein
	4.	Gymbag mit Powergel und Kohlenhydratriegel für jeden Starter (aller Läufe)
	5.	Sponsoring von Handtüchern mit Firmenlogo (Lizenzrechte)
Beschreibung der Erfolgskontrolle		Erwirtschafteter Umsatz auf der Läufermesse Anzahl neuer Geschäftskontakte (B2B) Conversion Rate auf der Unternehmenshomepage/Onlineshop Medienresonanz

Als psychologische Ziele des Unternehmens wurden als affektiv-orientiertes externes Ziel der Aufbau sowie Verbesserung der Beziehung zwischen Unternehmen und Kunden auf der Basis eines kollektiven Erlebnisses festgelegt.

Das emotionale Erleben der Marke und deren Produkte hat enorme Bedeutung. Dies vor dem Hintergrund, dass es gelingt das Unternehmen und die Produkte dauerhaft positiv in den Köpfen der Verbraucher zu verankern (vgl. Weinberg/Diehl, 2001). Zudem möchte das Unternehmen Glaubwürdigkeit und Sympathie ausstrahlen.

Als kognitiv-orientiertes, externes Ziel hat das Unternehmen sich die Veröffentlichung neuer Produkte vorgenommen. Außerdem soll die Kontaktpflege mit ausgewählten Kunden forciert werden. Die neuen Produkte werden auf der Messe „gelauncht" und als erstes verkauft. Es ergeben sich große Schnittmengen in den jeweiligen Zielgruppen. Die gemeinsame Schnittmenge der Zielgruppen sind ambitionierte Läufer jeden Alters, welche aktiv am Laufevent teilnehmen und passiv zusehen. Die weiteren Unternehmen, welche an der Läufermesse teilnehmen, bilden ebenfalls eine Zielgruppe.

Sowohl die NK AG, als auch die übrigens Unternehmen haben die Ausdauersportler als Zielgruppe. Hieraus resultiert ein gemeinsames Merkmal, welches die Wahrscheinlichkeit erhöht in die Interaktion mit B2B/B2C-Partnern zu kommen.

Als Sponsoring-Einzelmaßnahmen für das Laufevent wird die NK AG nicht nur das Naming, sondern auch die gesamte Bandenwerbung beim Halbmarathon sponsern. Außerdem wird es einen großen Messestand auf der Läufermesse mit zahlreichen Give-Aways und Proben geben. Der Messestand des Unternehmens wird genutzt, um die neuen Produkte vorzustellen und zu verkaufen. Dieser wird sehr professionell aussehen, um viele Kunden und potenzielle B2B Kontakte anzulocken. Alle Läufer erhalten beim

Abholen der Startunterlagen zudem ein Gymbag mit Powergel und Kohlenhydratriegel mit Firmenlogo der NK AG. Des Weiteren wird während des Halbmarathons die Streckenverpflegung durch das firmeneigene, isotonische Erfrischungsgetränk unterstützt. Bei der Siegerehrung erhält jeder Läufer als Geschenk ein kleines Handtuch mit Firmenlogo der NK AG. Somit werden sowohl die Athleten, als auch zahlreiche andere Personen mit der Firma (in)direkt in Kontakt kommen.

Im Anschluss an das Sponsorship wird eine Erfolgskontrolle im Hinblick auf die Erreichung der angestrebten Ziele durchgeführt (vgl. Bruhn, 2010, S.162). Als Erfolgskontrolle wird der Umsatz auf dem Messestand hinzugezogen. Als eine der wichtigsten Kontrollen und Ergebnisse werden die neu gewonnenen B2B Kontakte gezählt und bewertet. Zudem wird die Conversion Rate auf der Hompage bzw. dem Onlineshop gemessen. Die Conversion Rate ist ein KPI aus dem Online Marketing. Sie zeigt das Verhältnis der Besucher einer Website zu Conversions. Das nachfolgende B2B-Geschäft, der daraus resultierende Umsatz und die damit einhergehende Medienresonanz kann ebenfalls zur Erfolgskontrolle des Sponsorships hinzugezogen werden.

5 Literaturverzeichnis

TSG 1899 Hoffenheim. (2018) Zugriff am 08.10.2018. Verfügbar unter https://www.achtzehn99.de

Bruhn, Manfred; Meffert, Heribert (2012): Handbuch Dienstleistungsmarketing. Planung - Umsetzung - Kontrolle. 7., überarbeitete und erweiterte Aufl. Wiesbaden: Springer Gabler, zuletzt geprüft am 04.12.2013.

Rohlmann, Peter (2011): Merchandising im Sport. In: Gerd Nufer und André Bühler (Hg.): Marketing im Sport. Grundlagen, Trends und internationale Perspektiven des modernen Sportmarketing. 2., völlig neu bearbeitete und wesentlich erweiterte Aufl. Berlin: Erich Schmidt, S. 233–264.

Riedmüller, Florian (Hg.) (2011): Professionelle Vermarktung von Sportvereinen. Potenziale der Rechtevermarktung optimal nutzen. Berlin: Erich Schmidt.

Schumann, O. (2017). *Studienbrief Sportmarketing* (rev.19.018.000). Saarbrücken: Deutsche Hochschule für Prävention und Gesundheitsmanagement.

Weinberg, P., Diehl, S. (2001). *Moderne Markenführung.* Springer-Verlag.

Bruhn, M. (2010). *Marketing. Grundlagen für Studium und Praxis.* S. 162. Gabler Verlag

6 Abbildungs- und Tabellenverzeichnis

6.1 Tabellenverzeichnis

Tab. 1: Interne Ressourcenanalyse der TSG 1899 Hoffenheim

Tab. 2: Analyse der Unternehmensumwelt der TSG 1899 Hoffenheim

Tab. 3: SWOT-Matrix

Tab. 4: Fanartikelsortiment

Tab. 5: Darstellung jugendorientierter Verein

Tab. 6: Zielgruppe und Marketingziele

Tab. 7: Inhalt und Mehrwert der App

Tab. 8: Chancen und Risiken der Einführung

Tab. 9: Beschreibung der Nutrition-Knowledge AG

Tab. 10: Sponsoringprozess aus Unternehmenssicht

BEI GRIN MACHT SICH IHR WISSEN BEZAHLT

- Wir veröffentlichen Ihre Hausarbeit, Bachelor- und Masterarbeit

- Ihr eigenes eBook und Buch - weltweit in allen wichtigen Shops

- Verdienen Sie an jedem Verkauf

Jetzt bei www.GRIN.com hochladen
und kostenlos publizieren